STERILISATION UND STRAFRECHT

von

DR. EDUARD KOHLRAUSCH
Professor an der Universität Berlin

Sonderabdruck aus
Zeitschrift für die gesamte Strafrechtswissenschaft
LII Heft 4

Berlin und Leipzig 1932
Walter de Gruyter & Co.
vormals G. J. Göschen'sche Verlagshandlung — J. Guttentag, Verlagsbuchhandlung — Georg Reimer — Karl J. Trübner — Veit & Comp.

Archiv-Nr. 24 15 32
Druck von Walter de Gruyter & Co., Berlin W 10

I.

Das Problem.

1. Sterilisation ist Unfruchtbarmachung. Nur von ihr ist im folgenden die Rede.

Außer Betracht bleibt hier die Kastration. Sie ist (mit Unfruchtbarmachung verbundene) Beseitigung des Geschlechtstriebs und kommt als sogenannte sichernde Maßnahme gegen Sittlichkeitsverbrecher in Frage. Ihre rechtliche Regelung folgt anderen Erwägungen.

Ebenso bleibt hier außer Betracht die Abtreibung, die Unterbrechung einer gegebenen Schwangerschaft. Mit der Sterilisation hat sie zwar gemeinsam, daß sie Nachkommenschaft verhindert. Auch besteht für den Arzt der praktische Zusammenhang, daß ihn eine Schwangerschaftsunterbrechung nicht selten vor die Notwendigkeit einer Unfruchtbarmachung stellt. Aber für die wertende, also auch für die rechtliche Beurteilung bedeutet es natürlich einen fundamentalen Unterschied, daß in einem Falle ein in der Entwicklung begriffenes Lebewesen vernichtet wird, im anderen nur die Möglichkeit der Entstehung eines solchen.

Die Sterilisation kann also und soll im folgenden strafrechtlich als Sonderproblem geprüft werden.

2. Gegen den Willen des zu Sterilisierenden und überdies ohne objektiv irgendwie begründeten Zweck vorgenommen ist die Unfruchtbarmachung eine strafbare schwere Körperverletzung (StGB. §§ 223, 224). Das ist unstreitig. Fraglich ist, wieweit sie straflos werden kann durch Einwilligung des zu Sterilisierenden oder (und?) durch den Zweck der Sterilisierung. Zwischen Einwilligung und Zweck besteht hier aber eine verhängnisvolle Problemverschlingung.

Im Einzelfall wird die Einwilligung wohl meistens aus dem gleichen Grunde erteilt werden, der auch den Arzt zur Sterilisierung veranlaßt. Aber nicht immer liegt es so. Eine Prostituierte z. B. könnte deshalb einwilligen, weil sie ungefährdet ihrem Erwerb nachgehen will, während der Arzt sie (in Kenntnis dieses ihres Beweggrundes) deshalb sterilisiert, weil sie schwachsinnig ist und ihre Nachkommenschaft dies gleichfalls sein würde. Oder eine Einwilligung könnte auf hochgradigen biologischen Minderwertigkeitsgefühlen beruhen, während der Arzt, der diese für unbegründet hält, dennoch eingreift, aber aus medizinischen oder sozialen Gründen. Einwilligung und Zweck korrespondieren also keineswegs immer, weder wertmäßig noch tatsächlich, weder ethisch noch psychologisch.

Wichtiger noch ist, daß grundsätzlich — d. h. als Rechtfertigungsgründe betrachtet — Einwilligung und Zweck auf juristisch ganz verschiedene, weltanschaulich zum Teil geradezu gegenläufige Erwägungen und Stimmungen zurückgehen. Das ist der Hauptgrund, weshalb die heutige Rechtspraxis, von der noch die Rede sein wird, mit dem Problem so ergebnislos ringt.

Aber auch den Gesetzgeber stellt diese Heterogonie der Rechtfertigungsgründe vor große Schwierigkeiten. Die weltanschauliche Grundstimmung wechselt. Individualistisch eingestellte Zeiten, wie das 19. Jahrhundert, werden Einwilligung für erforderlich und genügend halten, eine objektive Zwecksetzung in solchen Fällen dagegen für außerhalb der Grenzen der Wirksamkeit des Staats liegend, also auch für ungenügend erachten, den Eingriff dem Strafrecht gegenüber zu rechtfertigen. Umgekehrt wird die Konzentrierung der Staatstätigkeit auf die Förderung des Wohles — sei es des einzelnen, wie im aufgeklärten Polizeistaat des 18. Jahrhunderts, sei es des Volksganzen, wie im heutigen sozialen Volksstaat — gerade den Zweck des Eingriffs in den Vordergrund rücken, Einwilligung nicht als genügend, aber auch nicht als erforderlich erscheinen lassen. Dabei herrschen solche weltanschaulichen und politischen Stimmungen und Strömungen in keiner Kulturperiode einseitig und widerstandslos. Namentlich wird immer ein Bedürfnis nach Garantierung einer staatsfreien Sphäre persönlichen Beliebens bestehen bleiben, mögen ihre Grenzen bald weiter, bald enger gezogen werden. Ohne Konzessionen an gegenteilige Weltanschauungen ist eine rechtliche Regelung hier nie möglich, es sei denn, daß man sie vergewaltigen will.

3. Sterilisierung kommt in Betracht zu **Heilzwecken** (wenn Schwangerschaft oder Geburt mit Lebensgefahr für die Mutter verbunden sein würden); zu **sozialen Zwecken** (wenn die wirtschaftliche Lage des zur Sorge Verpflichteten so ist, daß Neugebore-

nen das Existenzminimum nicht gewährt werden könnte oder anderen es geschmälert werden müßte); oder zu **eugenischen Zwecken** (wenn eine biologisch minderwertige Nachkommenschaft zu erwarten wäre). Es ist üblich geworden, in diesen drei Fällen von einer medizinischen, einer sozialen und einer eugenischen Indikation zu sprechen.

Die gleichen Indikationen können für eine Abtreibung gegeben sein. Hinzu kommt bei ihr die sogenannte ethische Indikation, wenn eine Frau ein Kind gegen ihren Willen empfangen hatte. Aber die Abtreibung scheidet, wie gesagt, hier aus.

Wenn als vierte (bei der Abtreibung als fünfte) häufig auch die kriminalpolitische Indikation genannt wird, also der Zweck, der Begehung von Verbrechen vorzubeugen, so kann dieser eine selbständige Bedeutung nur für die Kastration zugestanden werden. Bei Sterilisation (und Abtreibung) ist zwar nicht zu leugnen, daß die Verhütung von wirtschaftlichem Elend wie von biologisch minderwertigem Nachwuchs auch die Kriminalität günstig beeinflussen kann. Primär wird es sich aber immer um eine jener drei Indikationen handeln: die medizinische, die soziale oder die eugenische.

Die Grenzen der drei Fälle sind allerdings nicht scharf. Siechtum der Mutter kann die Familie auch wirtschaftlich ruinieren. Umgekehrt können eine wirtschaftlich nicht durchzubringende Kinderschar, die Unmöglichkeit für die Mutter, sich nach der Geburt zu schonen, und andere sozial bedingte Gründe zum Siechtum der Mutter und zur körperlichen Verkümmerung der Kinder führen. Daß man deshalb oft von einer medizinisch-sozialen Indikation spricht, ist begreiflich. Man kann wohl nicht umhin, auch eine medizinisch-eugenische und eine sozial-eugenische Indikation für diskutabel zu halten, je nach der Stellung zu dem Problem der Vererblichkeit erworbener Eigenschaften. Die strafrechtliche Beurteilung wird durch diese Grenzschwierigkeiten teils vereinfacht, teils kompliziert: vereinfacht für diejenigen, die die medizinische Indikation für einen Rechtfertigungsgrund halten, der sozialen und eugenischen aber nicht geradezu widerstreben; kompliziert für alle, die in der Ablehnung der sozialen Indikation so weit gehen, daß sie auch eine Gesundheitsschädigung dann nicht genügen lassen wollen, falls diese nur die Folge wirtschaftlicher Not sein würde.

Daß bei der Abtreibung die Zwischenstufen zu noch größeren Schwierigkeiten führen, als bei der Unfruchtbarmachung, sei hier nur angedeutet.

II.

Die medizinische Indikation.

Man sollte annehmen, daß die rechtliche Behandlung einer zu Heilzwecken vorgenommenen ärztlichen Operation klar sei. Leider ist das nicht der Fall. Schon hier herrscht eine Unsicherheit, die für den Arzt unerträglich, für den Juristen beschämend ist.

Der Streit beginnt bei der Frage, ob ein solcher Eingriff tatbestandlich eine »Körperverletzung« sei. Und er setzt sich bei denen, die es bejahen, bei der Frage fort, wodurch und in welchen Grenzen eine solche »Körperverletzung« gerechtfertigt sei.

In dieser Zuspitzung wird die Frage namentlich seit einem Zivilprozeß aus dem Jahre 1899 erörtert. Ein Arzt in Dresden hatte an einer Frau eine verhältnismäßig harmlose Operation vornehmen wollen, in der Narkose aber ein Leiden festgestellt, das erfahrungsgemäß in kurzer Zeit zu völligem Siechtum und zum Tode führt und auch Unfruchtbarkeit zur notwendigen Folge hat. Der Arzt entschloß sich deshalb, ohne die Narkose zwecks Einholung der Einwilligung zu unterbrechen, zu einer Radikaloperation (Entfernung der Eierstöcke und der Eileiter), die das Leben der Frau rettete, freilich sie auch unfruchtbar machte. Das Oberlandesgericht Dresden wies den Honoraranspruch des Arztes ab. Der Eingriff sei im strafrechtlichen Sinne eine »Körperverletzung« gewesen, und zwar, da die Patientin nicht eingewilligt habe, eine rechtswidrige. Es gebe zwar Fälle, in denen die Einwilligung nicht eingeholt werden könne. Im gegebenen Falle aber sei ihre Einholung möglich und gefahrlos gewesen. Letzteres mag unterstellt werden. Das Urteil läßt aber die von ihm selber angeregte wichtige Frage unbeantwortet, wann und wieso ein Rechtfertigungsgrund gegeben sei, falls die Einwilligung nicht eingeholt werden konnte. So war es begreiflich, daß die Ärztewelt sich beunruhigte, fast empörte.

Die Juristen machten die verschiedensten Versuche, die Zweifel zu lösen: Ein Berufsrecht des Arztes wurde behauptet (R. Schmidt); das Gewohnheitsrecht wurde bemüht (Oppenheim); der Satz vom angemessenen Mittel zum richtigen Zweck wurde aufgestellt (zuerst von v. Lilienthal). Den Nagel auf den Kopf traf wohl Carl Stooß, der bei einer geglückten Heilbehandlung den Tatbestand der Körperverletzung in Abrede stellte, so daß die Suche nach einem besonderen »Rechtfertigungsgrund« gegenstandslos sei; während bei einer mißglückten Operation Körperverletzung oder Tötung objektiv unleugbar seien, die Strafbarkeit also vom Verschulden abhänge [1]).

Das Reichsgericht blieb dabei, daß ein solcher Eingriff den Tatbestand der Körperverletzung darstelle und daß mindestens Einwilligung [2]) des Patienten nötig sei, ihn zu rechtfertigen. So schon RGStr. 25, 375, worauf sich das OLG. Dresden berufen hatte; und später RGStr. 38, 34. In RGStr. 61, 252 werden die übrigen Rechtfertigungsgründe ausdrücklich abgelehnt. (Der in diesem eine Schwangerschaftsunterbrechung betreffenden Urteil in den Vordergrund gerückte Gedanke vom übergesetzlichen Notstand gehört nicht hierher, da es sich ja bei den üblichen Heileingriffen nicht, wie bei jener, um zwei sich gegenüberstehende Rechtsgüter handelt, deren Abwägung in Frage käme.)

Aber nicht jede Einwilligung genügt dem Reichsgericht. Es muß etwas hinzukommen. Was dies ist, ist entscheidend. Aber gerade darüber hat sich das Reichsgericht immer derart vorsichtig und unbestimmt ausgesprochen, daß Klarheit bis heute fehlt.

Negativ sagt das Reichsgericht gelegentlich, daß die Einwilligung nicht gegen die guten Sitten verstoßen dürfe. Merkwürdigerweise sind diese Entscheidungen nicht in der amtlichen Sammlung veröffentlicht, sondern in JW. 1928, 2229 und 1929, 1015, unter Anführung älterer, gleichfalls nur negativ formulierender Urteile. Aber in keiner mir bekannten Entscheidung hat das Reichsgericht eindeutig positiv ausgesprochen, daß eine den guten

---

[1]) Das Urteil des Dresdener OLG. ist wiedergegeben in DJZ. 1899, S. 199 ff. Dazu Stooß ebenda S. 184 ff. Vorher schon: Stooß, Chirurgische Operation und ärztliche Behandlung, 1898; aufrechterhalten in Lehrb. des Österr. Str.-Rechts, 2. Aufl. 1913, S. 270. — Zur Orientierung: Liszt-Schmidt, Lehrbuch I, 26. Aufl., S. 214 f.; v. Hippel, Strafrecht II 257 ff.; Ebermayer, Arzt und Patient in der Rechtsprechung, 1924, S. 122 ff.; Der Arzt im Recht, 1930.

[2]) Auf das völlig ungeklärte Einwilligungsproblem grundsätzlich einzugehen, verbietet der vorwiegend praktische Zweck dieses Aufsatzes und sein durch ihn gebotener Umfang. Ich beschränke mich hier im wesentlichen auf die Darstellung der herrschenden Praxis, wie sie in den Urteilen unseres höchsten Gerichtes zum Ausdruck kommt. Von dieser muß leider gesagt werden, daß ihr die Festlegung einer klaren Linie bisher nicht gelungen ist (womit nicht behauptet werden soll, daß sie der Wissenschaft gelungen sei). Immerhin neigt grundsätzlich das Reichsgericht dazu, die Einwilligung in jede Art von Körperverletzung für strafrechtlich unbeachtlich zu erklären: so RGStr. 2, 442; 6, 61; 41, 392; 55, 188. Darüber, daß es beim ärztlichen Eingriff anders denkt — freilich ohne daß es einleuchtet, warum —, vgl. den Text. Bezeichnend auch bei Olshausen die ausführlich die Praxis darstellende Anm. 9 b zu § 223, aus der klar zu werden nicht ganz einfach ist.

Sitten gemäße Einwilligung die Rechtswidrigkeit ausschließe. Ebensowenig kenne ich aus der reichsgerichtlichen Indikatur eine grundsätzliche Erörterung, wann hier eine Einwilligung mit den guten Sitten übereinstimmt.

Diese für den Arzt lähmende Unsicherheit wird dadurch vergrößert, daß das Reichsgericht sich nicht selten mit mutmaßlicher Einwilligung begnügt (so schon RGStr. 25, 375, jetzt 61, 256). Aber damit ist die Einwilligung preisgegeben und das Problem verschoben. Dann ist es eben nicht mehr die Einwilligung, die die Freisprechung trägt, sondern die Übereinstimmung mit den guten Sitten. Dann ist höchstens die Nichteinwilligung, insbesondere der Widerspruch des Patienten, die Begrenzung eines Rechts, das in Wahrheit in irgendeinem objektiven Grunde wurzeln muß — es fragt sich eben nur, in welchem [3])!

Von dieser Abschweifung auf »mutmaßliche Einwilligung« abgesehen ist aber kaum anderes möglich, als aus den vorsichtigen Formulierungen des Reichsgerichts auch den positiven Satz herauszulesen: eine Körperverletzung ist rechtmäßig, soweit ihr eine nicht den guten Sitten zuwiderlaufende Einwilligung zugrunde liegt. So wird die Reichsgerichtspraxis in JW. 1929, 1481 auch vom Bayerischen Obersten Landesgericht ausgelegt. Daß dieses das Reichsgericht erst interpretieren zu müssen glaubt, ist für dessen Unbestimmtheit ebenso bezeichnend, wie es für den wahren Sinn der Reichsgerichtsjudikatur bezeichnend ist, daß das Bayerische Oberste Landesgericht sie so interpretiert hat.

Beim Heileingriff wird man praktisch hiermit auskommen. Die berühmten »gerecht und billig Denkenden«, auf deren ebenso

---

3) Die mutmaßliche Einwilligung wird als Rechtfertigungsgrund neuerdings besonders verteidigt von Mezger (GS. 89, 287 ff. und Strafrecht S. 218 ff.). Auch v. Hippel (Strafrecht II 249 ff.) steht ihr nahe. Beide gehen zurück auf die interessanten Bemühungen von Zitelmann, die Gedanken der auftraglosen Geschäftsführung für das Strafrecht nutzbar zu machen (Arch. f. d. ziv. Praxis 99, 42 ff.). Zitelmann hat aber das Problem nicht gelöst, nur anschaulich formuliert. Es mag sein, daß in den meisten Fällen, in denen eine auftraglose Geschäftsführung zu Erstattungsansprüchen des Geschäftsführers gegen den Geschäftsherrn führen würde, auch die strafrechtliche Rechtswidrigkeit ausgeschlossen sein würde. Aber soweit dies der Fall ist, ist der tragende Grund nicht die Einwilligung (da sie fehlt), sondern das große X, das wir suchen, und das es gestattet, die Einwilligung zu »mutmaßen«. Gefunden ist es damit nicht! — Bedenken anderer Art gegen die »mutmaßliche Einwilligung« (über Vermengung von Rechtswidrigkeit und Schuld und über die Gefahr von Schuldpräsumtionen) auch in meiner Anm. in JW. 1932, 1071.

berühmtes »Anstandsgefühl« es für die Auslegung der guten Sitten ankommen soll, werden hier instinktiv solidarisch bleiben und sich hüten, zuzugeben, daß der Satz: »die Hauptsache ist, daß der Mensch gesund bleibt« banaler Egoismus ist und mit »Anstandsgefühl« oder gar mit irgendwelcher Ethik nichts zu tun hat [4]). Aber praktische Zweifel werden kaum auftauchen. Und so kann, wenn auch mit schwacher Begründung, der ärztliche Heileingriff im allgemeinen als legalisiert gelten.

Vom Reichsgericht abgelehnt ist hiermit die von Stooß begründete und anderweit vielfach geteilte Ansicht, daß die gelungene Operation tatbestandmäßig überhaupt keine Körperverletzung sei, die mißlungene aber auf die Frage des Verschuldens hin geprüft werden müsse. Aufgenommen, freilich in ganz anderer Richtung fortgebildet, wird sie von den Strafgesetzentwürfen. So schlägt E. 27 in § 263 vor:

> »Eingriffe und Behandlungen, die der Übung eines gewissenhaften Arztes entsprechen, sind keine Körperverletzungen im Sinne dieses Gesetzes.«

Der § 263 scheint der von Stooß inaugurierten Richtung darin zu folgen, daß er bei der Heilbehandlung den Tatbestand der Körperverletzung verneint. Aber der Schein trügt. Stooß konstatiert, der § 263 dekretiert. Stooß stellte fest, daß es Fälle gibt, in denen, obwohl Wunden verursacht und Glieder amputiert sind, niemand geschädigt worden ist — nämlich wenn die Operation gelang. Der § 263 Entw. dagegen ordnet an, daß nicht nur eine gelungene, sondern auch eine mißlungene Operation nicht als Körperverletzung angesehen werden soll, obwohl sie »einen andern an der Gesundheit schädigt« — nämlich dann nicht, wenn der Eingriff der Übung eines gewissenhaften Arztes entsprach. Stooß also leugnet Körperverletzungen, indem er auf den Enderfolg sieht. Der § 263 dagegen sieht auf den Zwischenerfolg, den „Eingriff". Und da auch ein Reichsgesetz nicht anordnen kann, daß a = non a sei, kann § 263 nur dahin gedeutet werden, daß er die Körperverletzung nicht leugnet, sondern recht-

4) Die Begründung zu § 264 Entw. übernimmt aus dem Zivilrecht jene Identifizierung der »guten Sitten« mit dem »Anstandsgefühl aller gerecht und billig Denkenden« und hält die Frage mit diesem Hinweis für gelöst. In Wahrheit ist damit natürlich gar nichts gesagt. Denn wer sind die »gerecht« und die »billig« Denkenden? Und wieweit handelt es sich bei ihnen um »Anstandsgefühl«? Ist das nicht gerade das thema probandum?! »Gewöhnlich glaubt der Mensch, wenn er nur Worte hört, es müsse sich dabei doch auch was denken lassen.«

fertigt [5]). (Würde § 263 wirklich die Tatbestandsmäßigkeit verneinen, dann müßte bei einem tödlichen Ausgang auch der Tatbestand der Tötung verneint werden, eine Folgerung, die der Entwurf begreiflicher-, aber auch bezeichnenderweise zu ziehen unterläßt.)

Ich halte den § 263 gegenüber der heutigen Praxis nur für eine halbe Maßregel, die weder klärt noch weiter führt. Es geht nicht an, den Arzt zu bestrafen, obwohl sein Eingriff glückte und den Patienten (sei es auch um den Preis einer Wunde oder gar der Amputation eines Körpergliedes) gesunder machte, als er war, nur weil die Operation nicht der Übung eines gewissenhaften Arztes entsprach, vielmehr der Operateur Glück hatte oder mehr wagte, als ein »gewissenhafter Arzt«. In den letzteren Fällen versagt der § 263. Hier müßte dann (auch bei Heilzwecken) § 264 Entw. eingreifen:

> »Wer eine Körperverletzung mit Einwilligung des Verletzten vornimmt, wird nur bestraft [6]), wenn die Tat trotzdem gegen die guten Sitten verstößt.«

Jener leichtsinnige oder wagemutige Chirurg wäre nur straflos, wenn der Patient eingewilligt hätte und die Operation (sie — nicht etwa, wie nach dem Reichsgericht, die Einwilligung!) nicht gegen die guten Sitten verstoßen hätte. Voraussichtlich würde hier das Reichsgericht bei Nichteinwilligung wieder zu dem Notbehelf der mutmaßlichen Einwilligung greifen, womit die Ungelöstheit des Problems demonstriert sein würde. Stooß war klarer und sein Ergebnis sowohl billiger wie auch konstruktiv richtiger.

Die Nutzanwendung auf die medizinisch indizierte Sterilisation ist folgende:

1. Nach dem Reichsgericht ist entweder wirkliche Einwilligung nötig, die aber nicht gegen die guten Sitten verstoßen darf; oder aber »mutmaßliche Einwilligung«, die wohl gemutmaßt werden darf, wenn eine wirklich erteilte Einwilligung nicht gegen die guten Sitten verstoßen würde — wobei als Ansicht des Reichsgerichts unterstellt werden darf, daß die Einwilligung in eine Heilung nie gegen die guten Sitten verstößt.

---

5) Warum § 263 nicht sagt: ». . . sind nicht rechtswidrig«, kann näher hier nicht geprüft werden. Die Prüfung würde vermutlich auf der einen Seite ergeben, daß der Entw. einer scharfen begrifflichen Scheidung von Tatbestandmäßigkeit, Rechtswidrigkeit und Schuld überhaupt abgeneigt ist; auf der anderen Seite, daß auf § 263 die Körperverletzungslehre von Stooß einen gewissen Einfluß hatte, aber eben keinen durchschlagenden. Im Ergebnis ist aber § 263 wohl so auszulegen, als ob er sagte: ». . . sind nicht rechtswidrig.«

6) Auch hier wäre es klarer, zu sagen: »... handelt nur dann rechtswidrig...«

2. Nach dem Entwurf ist die als »Heilbehandlung« anzusehende Sterilisierung zunächst (§ 263) straflos, wenn sie der Übung eines gewissenhaften Arztes entsprach (entsprechend der heute konstruierten mutmaßlichen Einwilligung); ferner (§ 264) bei wirklicher Einwilligung, falls die Sterilisation nicht gegen die guten Sitten verstieß (entsprechend der reichsgerichtlichen Einwilligungslehre, nur unter der sehr beachtlichen Verschiebung des Akzents von der Einwilligung auf den Sterilisationseingriff).

Nach dem Entwurf bleiben ungelöste Zweifel. Wie, wenn die Übung eines gewissenhaften Arztes gegen die guten Sitten verstößt? Schon daß auch bei der Heilbehandlung dies immerhin denkbar ist, eröffnet die Möglichkeit unerfreulicher Konflikte zwischen der »ärztlichen Ethik«, auf die die Begründung verweist, und dem Strafrichter, der letzten Endes entscheiden muß. Aber namentlich umgekehrt: Wie ist es, wenn ein »gewissenhafter Arzt« den Eingriff nicht vorgenommen hätte, der Erfolg aber dem weniger gewissenhaften Recht gibt? Warum soll es hier, als Ersatz für die »Übung«, auf Einwilligung ankommen, selbst wenn subjektiv der Heilzweck und objektiv die Heilung feststehen?!

Nicht einmal bei medizinischer Indikation ist sonach die Rechtslage klar; weder nach dem Reichsgericht noch nach dem Entwurf. Sie kann nur klar werden in Verfolgung des von Stooß und seinen Anhängern gewiesenen Weges. Wie die Dinge heute liegen, haben die Ärzte völlig Recht, wenn sie es unerträglich finden, daß die Juristen ihnen über das, was sie operativ tun dürfen, keine klare Antwort geben können.

III.

Die soziale Indikation.

1. Eine nicht medizinisch, sondern sozial indizierte Sterilisation ist tatbestandmäßig unleugbar eine Körperverletzung. Die von Stooß der Heilbehandlung gegebene juristische Konstruktion ist hier nicht möglich. Ebenso gehört § 263 Entw. nicht hierher. Es ist also zu prüfen, ob ein Rechtfertigungsgrund vorliegt.

Nach der Reichsgerichtspraxis wäre auch hier zu fragen, ob der Sterilisierte eingewilligt hatte, und, wenn ja, ob die Einwilligung nicht gegen die guten Sitten verstieß. Nach Entw. § 264 wäre die Frage dahin zu verschieben, ob der Sterilisierte eingewilligt hatte und die Sterilisation nicht trotz der Einwilligung gegen die guten Sitten verstieß.

2. Der Rückgriff auf die guten Sitten wäre überflüssig, wenn

man die **Einwilligung** grundsätzlich als Rechtfertigungsgrund für jede Körperverletzung ansähe. Das entspräche der Ansicht, daß die Einwilligung die Verletzung aller Rechtsgüter deckt, über die der Mensch frei verfügen darf, und daß sein eigener Körper zu diesen Rechtsgütern gehört. Diese Ansicht wird in ihrem ersten Teil fast allgemein vertreten, wird aber, wie bekannt, in ihrem zweiten Teil lebhaft bestritten, heute wohl überwiegend abgelehnt [7]).

Aus dem geltenden Recht ist sie schwerlich zu widerlegen. Eher könnte man ihm Argumente für ihre Richtigkeit entnehmen (vgl. darüber besonders Binding a. a. O.). Zudem trifft wohl die Beweislast stets den, der Strafbarkeit annimmt, einerlei ob auf Grund der Behauptung positiver oder auf Grund der Leugnung negativer Tatbestandsmerkmale. Auch daß jene Anerkennung der Einwilligung heute als — horribile dictu! — »liberalistisch« gilt, also höchst unmodern ist, ist mir kein Grund, sie aufzugeben. Eine Pflicht insbesondere der Frau, sich entweder des Verkehrs zu enthalten (für die Verheiratete ist er Rechtspflicht, für die Unverheiratete ist er rechtlich unverboten) oder aber Kinder zu empfangen, kann selbst der, der sie für verpflichtet hält, ein empfangenes Kind auszutragen, nur begründen, indem er eine militia der Frau annimmt, der beim Mann nichts mehr entspricht.

Aber das Reichsgericht versagt, wie oben dargelegt, der Einwilligung die Wirkung allgemeiner Rechtfertigung. Daß es diesen Standpunkt ändert, ist zur Zeit sehr unwahrscheinlich, umsomehr als § 264 Entw. ihn legalisieren will. Es kommt also darauf an, ob die Einwilligung in eine sozial indizierte Sterilisation nicht gegen die guten Sitten verstieß.

3. Der Begriff der **guten Sitten** hat seinen Einzug in Gesetzgebung und Rechtsprechung bekanntlich auf dem Gebiete des Zivilrechts gehalten. Hier hat er zur Lösung mancher Erstarrung beigetragen. Unbestreitbar ist das für das Schadenersatzrecht, wo die enge Abstellung auf Rechtsverletzungen und auf Übertretung von Schutzgesetzen (§ 823) in dem Verstoß gegen die guten Sitten (§ 826) eine unentbehrliche Ergänzung fand, die bei aller

---

7) Immerhin können für die Ansicht, daß jede Körperverletzung, auch die schwere, durch Einwilligung gerechtfertigt sei, namhafte Kriminalisten angeführt werden; so z. B. Binding, Handbuch des Strafrechts I S. 720 ff.; Meyer-Allfeld, Lehrbuch des Strafrechts, 8. Aufl., 1922, S. 141 und 345; Gerland, Deutsches Reichsstrafrecht 1922, S. 367; Olshausen, Anm. 9 zu § 223; Heimberger, Strafrecht und Medizin, S. 8 ff.; M. E. Mayer, Der allgemeine Teil des Strafrechts, S. 288 ff.; Kahl, Der Arzt im Strafrecht, ZStW. 29, 364.

Dehnbarkeit immer noch nicht so weit führt, wie das einfache Verursachungsprinzip in Gesetzen des Auslands. Auch die Herausgabe einer gegen die guten Sitten angenommenen Leistung (§ 817) ist durchaus zumutbar, da kein Schaden entsteht, nur eine Bereicherung verhindert werden soll.

Für das Strafrecht aber hat die Einführung dieses Begriffs eine völlig andere Bedeutung. Hier droht die Gefahr, daß die Grenzen von Recht und Moral verschwimmen und dem Richter eine Verantwortung aufgebürdet wird, die der Gesetzgeber zu tragen verpflichtet ist.

Daß man im Strafrecht nicht, wie im Zivilrecht, mit dem »Anstandsgefühl aller billig und gerecht Denkenden« (RGZiv. 48, 114 usf.) auskommt, da hier nicht Verkehrsübliches festzustellen, sondern ein Tun zu werten ist, zeigte sich schon bei der Heilbehandlung. Bei dieser mögen praktische Schwierigkeiten nicht entstehen. Bei der sozial indizierten Sterilisation aber würde eine communis opinio sich schwerlich bilden. Falls der Arzt eine solche irrig annähme, würde ich ihn zwar nach § 59 StGB. für straflos halten. Das Reichsgericht würde aber wohl, soweit in dieser Frage etwas vorausgesagt werden kann, einen unbeachtlichen Strafrechtsirrtum annehmen. So könnte man also zur Zeit dem Arzt die Vornahme einer sozial indizierten Sterilisation nur dringend widerraten.

Nach Entw. § 264 läge es nicht anders. Ich persönlich würde zwar Ebermayer durchaus zustimmen, wenn er (»Fünfzig Jahre Dienst am Recht« S. 121) eine Sterilisation für sittengemäß erklärt, falls »eine in schlechten Vermögensverhältnissen lebende Frau, die schon eine Reihe von Kindern hat und diese kaum ernähren kann, den Arzt um Sterilisierung bittet, um vor weiterem Kindersegen bewahrt zu bleiben«. Selbst wenn man der Einwilligung die allgemein rechtfertigende Bedeutung abspricht, wäre sie doch bei sozialer Indikation nicht unsittlich. Zu einem anderen Werturteil ist der Staat erst dann berechtigt, wenn er seine eigene Pflicht, für die Kinder zu sorgen, sowohl anerkennt wie zu erfüllen in der Lage ist. Bis dahin ist nicht die Einwilligung unsittlich, sondern die Aufstellung einer Rechtspflicht für die Frau, sich fruchtbar zu erhalten. Aber bei der Irrationalität derartiger Weltanschauungs-Entscheidungen ist zu bezweifeln, daß die Strafrechtspraxis sich auf dieser Linie einigen würde.

Zu fordern ist also eine Stellungnahme des Strafgesetzgebers zugunsten der sozialen Indikation.

IV.

Die eugenische Indikation.

Die eugenisch indizierte Sterilisation teilt mit der sozial indizierten die Eigenschaft, nicht Heilbehandlung zu sein, sondern tatbestandlich Körperverletzung. Auch hier wäre nach geltendem Recht zur Straflosigkeit eine Einwilligung zu fordern, die nicht gegen die guten Sitten verstößt; nach dem Entwurf 27 (§ 264) Einwilligung und dazu, daß die Sterilisierung nicht trotz der Einwilligung gegen die guten Sitten verstößt.

Es erübrigt sich, zu wiederholen, daß die Ansicht vertretbar ist, wonach jede Einwilligung genügt; denn sie ist zur Zeit weder de lege lata noch de lege ferenda durchzusetzen. Ebensowenig bedarf es de lege lata einer nochmaligen Erörterung, ob hier die Einwilligung (bzw. die Sterilisierung des Einwilligenden) gegen die guten Sitten verstoßen würde. Denn wie man auch persönlich darüber denken mag: noch weniger, als bei der sozialen besteht bei der eugenischen Indikation eine Gewähr für eine einheitliche richterliche Entscheidung. Die Frage ist Gegenstand der lebhaftesten literarischen Auseinandersetzungen, sie ist geradezu Programmpunkt politischer Parteien geworden. Von einer einheitlichen Weltanschauung ist hier keine Rede. Aus denselben Gründen würde auch der § 264 Entw. keine Entscheidung bringen. Sie muß der Gesetzgeber treffen, und zwar ausdrücklich.

1. Die erste, nicht unwichtige Frage, die hier zu beantworten wäre, betrifft den **Weg der Gesetzgebung.** Soll ein besonderes Sterilisierungsgesetz erlassen oder soll innerhalb des Strafgesetzbuchs geholfen werden?

Ein besonderes Sterilisierungsgesetz würde in den Bereich der in RVerf. Art. 7 Ziffer 7 der Reichsgesetzgebung überwiesenen »Bevölkerungspolitik« fallen. Es hätte unter gewissen Voraussetzungen (über die nachher) die Sterilisierung anzuordnen. Zuständig wären, solange das Reich kein Gesetz erlassen hat, auch die Länder. Eine einheitliche reichsgesetzliche Regelung wäre aber natürlich vorzuziehen.

Strafrechtlich käme entweder der Einbau in das neue StGB. oder, wenn man so lange nicht warten will, eine Novelle zum StGB. in Betracht. In beiden Fällen würde es sich um den Abschnitt über »Körperverletzung« handeln, dem entsprechende Rechtfertigungsgründe einzufügen wären. Zuständig wäre hier gemäß § 2 Einf.GzStGB. nur das Reich.

Ein Vorzug eines besonderen Sterilisierungsgesetzes wäre, daß bestimmte Krankheiten oder Gebrechen genannt werden könnten, und daß ihre Aufzählung periodisch dem jeweiligen Stand der erbbiologischen Wissenschaft angepaßt werden könnte. In den Körperverletzungsabschnitt eines StGB. würde eine solche Kasuistik schlecht passen. Denkbar wäre hier ein Blankettgesetz mit variablen Ausführungsbestimmungen — für Rechtfertigungsgründe immerhin ein Novum.

Für den Strafrechtsweg wird häufig, und zwar auch gerade von medizinischer Seite [8]), angeführt, daß für ein besonderes Sterilisierungsgesetz die Hemmungen psychologischer und weltanschaulicher Natur in unserem Volke noch zu groß seien. Ein Gesetz dürfe hier nichts vorschreiben, nur erlauben. Das vom Gesetz Erlaubte brauche ja nicht notwendig auch ethisch erlaubt zu sein. — Dies Argument — das dahin erweitert werden kann, daß nicht nur die ethischen, sondern auch die medizinischen Anschauungen hier noch auseinandergehen — verdient ernste Beachtung, schon wegen der Persönlichkeiten, von denen es ausgeht und geteilt wird. Aber es beruht auf einem Mißverständnis. Es ist nicht einzusehen, wieso es für den Strafrechtsweg und gegen ein besonderes Sterilisierungsgesetz sprechen soll. Gewiß decken sich Recht und Moral nicht ohne weiteres. Aber mit »anordnen« und »erlauben« hat der Unterschied sicher nichts zu tun. Etwas betont unethisches darf ein Gesetz nicht anordnen, aber ebenso wenig erlauben; etwas ethisch indifferentes aber so gut anordnen wie erlauben. Auch durch eine Vorschrift, durch eine Anordnung soll ja hier kein Arzt zu einer seinem Gewissen widersprechenden Handlung gezwungen werden. Einen ausführenden Arzt zu finden wäre Sache der anordnenden Amtsstelle; wie ja auch niemand zum Amt eines Scharfrichters oder Gefängnisdirektors gezwungen werden kann. Der Weltanschauung des zu Sterilisierenden aber kann nur dadurch Rechnung getragen werden, daß seine Einwilligung zur Voraussetzung gemacht wird (darüber nachher); für ihn ist der Unterschied von Erlaubnis und Anordnung vollends belanglos.

»Anordnen« heißt hier nicht mehr und nicht weniger, als daß der Staat solche Eingriffe unter Umständen für erwünscht erklärt. Zu dieser Erklärung muß er sich, wenn er dieser Ansicht ist, schon aufraffen! Bloßes »Erlauben« wäre Schwäche und Flucht vor der Verantwortung.

Weitere Bedenken gegen den Strafrechtsweg sind straf-

---

[8]) Vgl. etwa Luxenburger, ZStW. 52, 432 (437 f.).

prozessualer Natur und beziehen sich auf die formalen Rechtsgarantien, die dem Betroffenen dafür gegeben werden müssen, daß der Eingriff auch wirklich eugenisch geboten ist. Namentlich bei Einführung der Zwangssterilisierung wären sie unerläßlich. Aber auch wenn Einwilligung zur Voraussetzung gemacht wird, würden sie wegen der Eigenart der hier häufig in Frage stehenden »Einwilligung« (man denke an Schwachsinnige!) ernst überlegt werden müssen. Es wäre nicht nur unüblich, sondern fast unmöglich, solche Verfahrensgarantien in ein Strafgesetzbuch einzubauen.

Auch würde sich die Frage nach der Stellung des Strafrichters erheben: Hat er die Diagnose des ausführenden Arztes oder der ihn beratenden Amtsstelle als bindend anzusehen? Dann müßte diese sich als Verwaltungsanordnung geben, von gesetzlich für kompetent erklärten Behörden ausgehen und auf dem Verwaltungsweg kontrollierbar sein. Oder soll der Strafrichter (unterstützt durch Sachverständige) gewissermaßen die Oberinstanz über die ärztlichen Stellen sein? Darin läge die Möglichkeit unerfreulicher Konflikte und für den Arzt eine Quelle neuer Unsicherheiten. Auch von hier aus wird man auf den Weg eines besonderen Sterilisierungsgesetzes gedrängt.

Es handelt sich eben in Wahrheit hier nicht, wie bei der medizinischen und der sozialen Indikation, in erster Linie um Rechtfertigungsgründe gegenüber einer Strafvorschrift, sondern um die **Übernahme einer völlig neuen Staatsaufgabe.** Es wäre eine Verschleierung dieses Sachverhalts, wenn dies so nebenbei im StGB. durch Anerkennung von Ausnahmen von der Strafrechtsnorm geschähe. Züchtigungsrecht, Recht zum Waffengebrauch, zur Inhaftierung u. a. werden auch nicht im StGB. geregelt, obwohl die Ausübung dieser Rechte »an sich« Tatbestände des StGB. verwirklicht.

Auch die gesetzgeberische Erledigung der Frage gebührt — was symptomatisch ist — anderen Gremien, als den für ein StGB. zuständigen. Federführendes Ministerium könnte unmöglich das Justizministerium sein. Und innerhalb des Reichstages etwa wäre nicht der Strafrechtsausschuß, sondern der Ausschuß für Bevölkerungspolitik zuständig. Die geradezu babylonische Sprach- und Gedankenverwirrung, die im Strafrechtsausschuß des Reichstags jedesmal entstand, wenn die Frage der Sterilisierung auftauchte (vgl. in diesem Heft den Bericht von J. Blasbalg), zeigt die Notwendigkeit, sie zu verselbständigen.

So ist es wohl auch kein Zufall, daß fast sämtliche Auslandsstaaten, die das Problem bisher in Angriff genommen haben, den Weg des positiven Sterilisierungsgesetzes gegangen sind.

Ein Zufall aber scheint es mir zu sein, daß wir vom Weg der Strafrechtsreform nicht fortkommen. Darin liegt ein Lob für das deutsche Strafrecht und für den deutschen Strafgesetzgeber; ein Lob für dessen Rührigkeit und weitgespannte Interessen; ein Lob aber, das das Strafrecht sicher gerne dem Verwaltungsrecht abtreten würde — wenn dieses tut, was seines Amtes ist, und damit der Strafrechtsreform eine Aufgabe abnimmt, die zu der schweren Überfracht gehört, mit der sie im Laufe der Jahre beladen wurde und die ohnehin das Schiff zum Sinken zu bringen droht.

Wie es zu dem Abweg bei uns kam, ist klar zu ersehen. Kastration von Sittlichkeitsverbrechern und Sterilisation von Verbrechern, deren verbrecherische Neigung weiter vererblich sei, wurden im Kapitel der »Maßregeln der Besserung und Sicherung« erwogen. Das war richtig. Eine zweite Gedankenlinie führt von der Abtreibung her. Ihre Straflosigkeit bei medizinischer Indikation mußte sichergestellt werden. Das führte zu der Erwägung der sozialen und weiter der eugenischen Indikation für Schwangerschaftsunterbrechung. Diese Indikationen waren die Brücke, die dann ganz äußerlich zur Sterilisation führte, weil es galt, auch die Straflosigkeit der damit verbundenen Radikaloperation sicherzustellen. Dieses kann und muß im Strafgesetzbuch geschehen, denn sie ist eine Heilhandlung. Aber der Übergang zur eugenischen Indikation bedeutet den Übergang zu einer durchaus anderen positiven Staatsaufgabe. Sie zu lösen hat mit der strafrechtlichen Behandlung der Abtreibung nichts mehr zu tun.

Die dritte Gedankenlinie führt hierher aus der Einwilligungsfrage. Es wurden typische Einwilligungsfälle geprüft. Bluttransfusion und Hauttransplantation, Boxkampf und Zweikampf. So stieß man auch auf die Sterilisation, deren eugenische Indiziertheit die Sittenwidrigkeit ausschließe. Aber man kann das Sterilisationsproblem so wenig bei Gelegenheit des Einwilligungsproblems lösen, wie den Boxkampf. Bei beiden ist nicht die Einwilligung der tragende Rechtsgedanke. Beim Boxkampf ist es seine angebliche Sittengemäßheit, für die die Polizei, die ihn zuläßt, die Verantwortung tragen mag. Bei der Sterilisation ist es die Eugenik. Sobald eugenische Erwägungen hier eingeführt werden, sind sie es, die die Sterilisation rechtfertigen. Die Einwilligung mag man als Schranke beibehalten, tragender Rechtsgedanke ist sie aber dann nicht mehr. So spricht auch dies dafür, daß eine von der Strafrechtsreform losgelöste positive Regelung der eugenischen Sterilisation nicht nur aufrichtiger und systematisch sauberer sein, sondern damit auch taktisch mehr Erfolg versprechen würde.

Weisen sonach die sachlichen Gründe auf den Weg eines positiven Sterilisierungsgesetzes, so dürften gegen den anderen Weg, gegen den Einbau in das neue StGB. entscheidend die Lage und die Aussichten unserer Strafrechtsreform sprechen. Ihr Schicksal ist nicht abzusehen. So wenig es richtig wäre, sie mit fremden Problemen zu belasten, so wenig dürfen die, die auf eine baldige Regelung der eugenisch indizierten Sterilisation Wert legen, diese mit dem Schicksal der Strafrechtsreform verkoppeln.

2. Ist nun auf baldige Regelung der eugenisch indizierten Sterilisation Wert zu legen? Die Frage kann der Kriminalist als solcher ebensowenig entscheidend beantworten wie der Erbbiologe als solcher. Die Erkenntnis, daß es sich darum handeln würde, dem Staat eine neue Aufgabe zu stellen, zeigt auch die Verteilung der Zuständigkeiten.

Der Erbbiologe kann sagen, ob seine Wissenschaft weit genug ist, um dem Staat praktische Eugenik zu gestatten — falls er sie treiben will. Der Jurist kann sagen, was dann zu tun wäre, um solche praktische Eugenik in das Gesamtgefüge unserer Rechtsanschauungen und Rechtsnormen einzubauen. Aber die Richtigkeit der Zielsetzung bejahen, das Ziel wollen — das ist eine politische Willensentscheidung.

Nicht freilich eine solche der landläufigen Parteipolitik. Damit hat sie nichts zu tun. Die Erkenntnis, daß die sogenannten zivilisierten Staaten mit der Erhaltung und Förderung Minderwertiger auf Kosten der biologischen Aufartung eine verkehrte Politik treiben, die in absehbarer Zeit Selbstmord bedeutet, daß wir unsere Vernunft und unsere Organisationskunst auf eine negative Auslese verwenden, während anderwärts die Natur für eine positive sorgt — diese Erkenntnis drängt sich jedem auf, der einen Blick in die Statistik und in die erbbiologische Literatur wirft. Von ihrem Umfang und von der enormen Arbeit, die hier in der letzten Zeit geleistet worden ist, haben weite Kreise offensichtlich keine Kenntnis [9]). Der Partikularismus der Wissen-

9) Zur Orientierung seien empfohlen: Fetscher, Abriß der Erbbiologie und Eugenik (1927); Graf, Vererbungslehre und Erbgesundheitslehre (1930); Siemens, Vererbungslehre, Rassenhygiene und Bevölkerungspolitik (4. Aufl. 1930); Muckermann, Vererbung, biologische Grundlagen der Eugenik (1932); Soller, Einführung in die menschliche Erblichkeits-

schaften wie der Verwaltungsressorts scheint hier eine verhängnisvolle Rolle zu spielen. Was also hätte zu geschehen? Welches sind die materiellen und formellen Voraussetzungen, unter denen die eugenische Sterilisation legalisiert werden müßte, damit sie in die überkommenen Rechtsvorstellungen paßt?

a) Zwangssterilisation oder Einwilligung? Das ist sachlich die erste Frage.

Es ist nicht zu leugnen, daß logisch die Zwangssterilisation die einzig richtige Folge aus der Erkenntnis unsrer Lage sein würde. Es ist aber zuzugeben, daß sie psychologisch kaum durchzusetzen, daß sie ein unorganischer Sprung wäre, und daß es deshalb auch taktisch verkehrt wäre, sie zu fordern. Das oben im anderen Zusammenhang abgewiesene Argument von der weltanschaulichen Gespaltenheit gewinnt hier Bedeutung. Die Duldung eines derartigen Eingriffs kann dem Widerstrebenden heute nicht zugemutet werden. Das Verantwortungsgefühl für das Volksganze müßte allgemeiner geworden und die letzten Reste von liberalem Denken müßten abgetötet sein — bis zu einem Grade, der nach meiner Überzeugung ein Unglück auch für das Ganze wäre, der jedenfalls zurzeit noch nicht erreicht ist.

Freilich entsteht hier die Frage, ob der Widerspruch eines Schwachsinnigen — und in der Mehrzahl der Fälle würde es sich um Schwachsinnige handeln — rechtlich in Betracht kommen darf, ob also seine Einwilligung rechtlichen Wert hat. Vom Standpunkt des Strafrechts aus ist die Frage für viele Fälle zu bejahen. Auch der Schwachsinnige ist meist noch imstande, zu beurteilen, um was es menschlich sich hier handelt. Zudem scheint die Erfahrung dafür zu sprechen, daß gerade er seine Einwilligung kaum je versagen wird. Sollte er es ausnahmsweise doch tun, wird es sich meistens um einen Internierungsfall handeln, in dem die Fort-

lehre und Eugenik (1932); besonders aber das grundlegende Werk: Baur-Fischer-Lenz, Menschliche Erblichkeitslehre und Rassenhygiene (hier bes. Bd. II: Lenz, Menschliche Auslese und Rassenhygiene, 3. Aufl. 1931). — Früher schon: Elster, Sozialbiologie (1923), und ZStW. 46, 65. — Spezieller zu der hier behandelten Frage: Mayer, Gesetzliche Unfruchtbarmachung Geisteskranker (1927; vom Standpunkt der katholischen Moraltheologie aus); Gaupp, Die Unfruchtbarmachung geistig und sittlich Kranker und Minderwertiger; Gosney und Popenoe, Sterilisierung zum Zwecke der Aufbesserung des Menschengeschlechts (betr. Kalifornien; deutsch von Burchardi 1930); Rüdin, Psychiatrische Indikation zur Sterilisierung (»Das kommende Geschlecht«, V, 3, 1929). — Vom kriminalistischen Standpunkt: v. Hentig, Strafrecht und Auslese (1914); derselbe: Die Strafe (1932) S. 218 ff.

pflanzung ohnehin gehindert werden kann. Zudem darf die Häufigkeit der Fälle des Schwachsinns kein Grund sein, auf Einwilligung auch dort zu verzichten, wo — wie bei Schizophrenie, hochgradiger Epilepsie, Veitstanz usw. — die Einwilligung oder Nichteinwilligung von voller Einsicht in ihre Bedeutung getragen ist. Gerade in den letzten Fällen, in denen es sich um intellektuell besonders hochstehende Menschen handeln kann, wäre die Zwangssterilisierung eine den Staat diskreditierende Überspannung seiner Aufgaben. Und gerade in diesen Fällen wäre es begreiflich, wenn sich kein Arzt fände, der die Operation gegen den Widerstrebenden auszuführen bereit sein würde.

Ist, was häufig der Fall sein wird, der zu Sterilisierende minderjährig oder entmündigt, so könnte ja auch die Einwilligung des gesetzlichen Vertreters in Betracht gezogen werden. Sie käme in Frage als Ergänzung oder als Ersatz für die Einwilligung des zu Sterilisierenden. Aber als Ergänzung ist sie überflüssig, weil es sich bei der Einwilligung nur darum handelt, menschlich der Maßregel den Zwangscharakter zu nehmen. Als Ersatz, in Fällen völliger Einsichtslosigkeit des zu Sterilisierenden, mag sie gefordert werden.

Dem etwaigen Ehegatten ein Recht auf Widerspruch einzuräumen, ist nicht geboten. Hier liegt eher eine Kontraindikation vor!

b) Die Anordnung der Sterilisation hat von einer Behörde auszugehen, in der ärztliche und erbbiologische Erfahrung mit Verständnis für die Persönlichkeitsbedeutung des Eingriffs vereinigt sein muß. Eine Zusammensetzung aus zwei (erbbiologisch tunlichst geschulten) Medizinern und einem Vormundschaftsrichter würde hier allen Interessen Rechnung tragen. Der Richter, der tunlichst selten wechseln sollte, muß das Recht erhalten, sich, wenn er es für erforderlich hält, sachverständig unterrichten zu lassen.

Einstimmigkeit der Behördenmitglieder zu fordern, würde zu weit gehen und die Sabotierung der Maßregel ermöglichen. Zu erwägen wäre aber ein Recht des Überstimmten, die Entscheidung der obersten Landesmedizinalbehörde oder einer von dieser zu bestimmenden eugenisch-wissenschaftlichen Zentralstelle zu fordern.

So wäre allen Bedürfnissen nach objektiven und subjektiven Garantien Rechnung getragen. Es müßten, damit der Eingriff vorgenommen werden darf, übereinstimmen: 1. der zu Sterilisierende; 2. und 3. zwei Ärzte oder aber ein Arzt mit dem Vormundschaftsrichter; 4. der Operateur selber (der ja zur Ausführung nicht gezwungen werden kann); 5. eventuell die medizinische Landeszentralbehörde. Von mangelnden Garantien kann hier auch der größte Skeptiker nicht sprechen. Eher könnte die allzu große Instanzenhäufung und die durch sie bedingte Schwerfälligkeit des Verfahrens bemängelt werden. Aber bei der Neuheit der Maßregel und der mehrfach hervorgehobenen Uneinheitlichkeit der Stimmung unter Fachleuten wie unter Laien muß sie in Kauf genommen werden.

c) Um die sachlichen Voraussetzungen festzulegen, gibt es zwei Möglichkeiten: kasuistische Aufzählung und Zweckbestimmung.

Es ist wie bei der strafgesetzlichen Regelung der Zurechnungsfähigkeit[10]). Auch da spricht man von einer biologischen und einer psychologischen — richtiger vielleicht von einer ätiologischen und einer symptomatologischen — Methode. Es ist bekannt, daß fast alle neuen Strafgesetze, so auch StGB. § 51 und Entw. § 13, beide Methoden kombinieren: sie führen die ursächlichen Gründe der Unzurechnungsfähigkeit auf (Geisteskrankheit, Geistesschwäche usw.) und fügen hinzu, daß diese eine bestimmte Folge haben müssen; z. B. Ausschluß der freien Willensbestimmung; Aufhebung der Fähigkeit, das Ungesetzliche der Tat einzusehen oder nach solcher Einsicht zu handeln — oder ähnlich. Die gemischte Methode verdient den Vorzug namentlich aus zwei Gründen. Theoretisch ist die Zurechnungsfähigkeit letzten Endes ein sozialer Wertbegriff, der der Krankheit aber nicht notwendig. Und praktisch führt die gemischte Methode zu einer gesunden Teilung der Verantwortung zwischen Arzt und Richter.

Der Hinweis auf § 51 sollte nur die Möglichkeiten der Gesetzestechnik zeigen. Bei einer eugenisch indizierten Sterilisation liegt es ähnlich. Auch hier kann das Gesetz entweder typische Krankheitsbilder nennen oder den Zweck der Maßregel auf eine Formel bringen (analog dem Ausschluß der freien Willensbestimmung od. dergl. in § 51) oder beides verbinden.

Welcher Weg eingeschlagen werden soll, wird zunächst davon abhängen, ob die erbbiologische Wissenschaft in der Lage ist, die Krankheiten aufzuzählen, die typisch sind, aber auch den Kreis der Indikationen wirklich ausfüllen. Aber schon indem sie dies tun würde, würde sie, bewußt oder unbewußt, von einer Zweckerwägung ausgehen. Denn offensichtlich kann die Abweichung von einer biologischen Norm nicht genügen; sie muß

---

[10]) Zur Orientierung vgl. jetzt vor allem Mezger, Strafrecht, S. 279 ff., 300.

auch irgendwie die soziale Anpassungsfähigkeit berühren. Sechsfingrigkeit z. B. soll vererblich sein. Eine biologische Abnormität ist sie gleichfalls. Aber eine soziale Minderwertigkeit ist sie nicht, also hier auch keine ausreichende Indikation. Schon die biologische oder ätiologische Gesetzgebungsmethode würde also in Wahrheit von Zweckerwägungen diktiert sein. Die Frage spitzt sich also dahin zu: Soll diese Zweckerwägung dem Gesetzgeber überlassen bleiben und dann das Vorliegen eines von ihm umschriebenen Krankheitsbildes sowohl erforderlich wie genügend sein (rein ätiologische Methode)? Oder soll im Einzelfall jene Zweckerwägung angestellt werden, sei es beim Vorliegen eines gesetzlich bestimmten abnormen Zustandes (gemischte Methode), sei es ohne Beschränkung auf derartige Typen (reine symptomatologische Methode)?

Die Entscheidung zwischen diesen Wegen scheint deshalb nicht bedeutungsvoll zu sein, weil wir, wie gesagt, in Wahrheit auf keinem Wege um jene sozialen Zweckerwägungen herumkommen. Es ist aber immer bedenklich, wenn man einer generellen Regelung deshalb ausweicht, weil man eine »Formel« nicht findet. Dies ist nicht ein Zeichen für die Armut der Sprache, sondern für die Ungeklärtheit der Gedanken. Wenn man die Formel nicht findet, besteht auch keine Gewähr dafür, daß eine Aufzählung »richtig« ist. Die Formel, in der das soziale, nicht nur das biologische Werturteil steckt, muß also gesucht werden. Dies ist die schwierigste Aufgabe, vor die der Gesetzgeber sich hier gestellt sehen wird.

Diese Formel könnte in erster Linie (in äußerer Anlehnung an § 51) lauten:

> »Eine Person, die (folgt eine Aufzählung der Fälle, wie Schwachsinn, Epilepsie, Schizophrenie usw.) soll operativ unfruchtbar gemacht werden, wenn von ihr nach den Lehren der ärztlichen Wissenschaft lebensuntüchtige Nachkommenschaft zu erwarten wäre.«

Das Wort »lebensuntüchtig« würde die Unangepaßtheit an das vom Staate zugrunde zu legende soziale Leben genügend ausdrücken. Es wäre dem Wort »lebensunfähig« wohl vorzuziehen, weil einmal dieses zu einseitig biologisch gewählt ist, und weil es ferner die Prognose des Aussterbens der Familie enthält, die eine Sterilisierung überflüssig macht.

In zweiter Linie würde mir aber auch eine Loslösung von dem sprachlichen Aufbau des § 51, also von seiner Nebeneinanderreihung deskriptiver und normativer Gedanken möglich erscheinen. Die Begriffe »Gesundheit« und »Krankheit« — obwohl sie erkenntnistheoretisch komplizierter sind, als manche glauben — tragen doch wohl auf dem hier in Rede stehenden Gebiet vererblicher Anlagen die Beziehung zur sozialen Tauglichkeit so weit in sich, daß mit ihnen auszukommen wäre. Namentlich sind diese Beziehungen hier deutlicher und typischer als etwa für § 51 die Beziehung der Geisteskrankheit oder gar der Geistesschwäche zur strafrechtlichen Verantwortlichkeit. Daraus folgt die Möglichkeit einer zweiten Formulierung, bei der die Aufzählung von typischen Vererbungsfällen fortfallen könnte:

»Eine Person, die Trägerin krankhafter Erbanlagen ist, soll operativ unfruchtbar gemacht werden, wenn der Eingriff nach den Regeln der ärztlichen Wissenschaft erforderlich ist, um eine ernste Gefahr für das Leben oder die Gesundheit ihrer Nachkommen abzuwenden«« [11]).

d) In Lauf zu bringen ist das Verfahren durch einen Antrag. Der Kreis der Antragsberechtigten wäre möglichst weit zu ziehen. Der zu Sterilisierende, sein gesetzlicher Vertreter, ein Arzt, ein Anstaltsleiter, aber auch das Wohlfahrtsamt und der Vormundschaftsrichter müssen antragsberechtigt sein. Es handelt sich ja nur darum, das Verfahren in Gang zu bringen, nicht um einen formellen Antrag.

e) Die Kostenfrage mag auf den ersten Blick schwierig

---

[11]) Diese Formulierung schließt sich an den Gesetzesvorschlag an, den die Berliner Ortsgruppe der Deutschen Gesellschaft für Rassenhygiene unter dem 31. Juli 1929 zum Reichsstrafgesetzbuch gemacht hat. Der Vorschlag ist mit »Begründung« veröffentlicht in der von Prof. Ernst Rüdin (dem Direktor der genealogisch-demographischen Abteilung der zum Kaiser-Wilhelm-Institut gehörenden Deutschen Forschungsanstalt für Psychiatrie) herausgegebenen Zeitschrift »Das kommende Geschlecht«, Band V, Heft 3. Er ist unterzeichnet von Prof. Eugen Fischer und Prof. Hermann Muckermann (Direktor und Abteilungsleiter am Kaiser-Wilhelm-Institut für Anthropologie). An dem hervorragenden Sachverständnis seiner Urheber ist also wohl ein Zweifel nicht möglich. Dieser Vorschlag unterscheidet sich von der obigen Formulierung namentlich dadurch, daß er einen Einbau in das neue StGB. in Aussicht nahm. Er schreibt deshalb auch »kann«. In einem besonderen Sterilisierungsgesetz sollte es »muß«, kann aber auch »soll« heißen. Daß die Rechtswidrigkeit und Strafbarkeit der Körperverletzung ausgeschlossen ist, ist nach allen Formulierungen zweifellos. — Jener Vorschlag leidet überdies daran, daß er mit den Worten beginnt: »Eine Körperverletzung liegt nicht vor, wenn . . .«. Bei der eugenischen Sterilisation ist aber der Tatbestand der Körperverletzung unleugbar. Bedenklich ist an obiger Formulierung, daß sie die Indikation abstellt auf die Gefahr für Leben oder Gesundheit der Nachkommen. Kurzlebigkeit allein kann m. E. ebensowenig genügen wie subjektive Schmerzen, denen die Nachkommen ausgesetzt sein würden. Es ist mir überhaupt zweifelhaft, ob man so weit in das Gebiet körperlicher Krankheiten oder Schwächen gehen darf, falls man nicht eben grundsätzlich Einwilligung genügen lassen will!

scheinen. Nicht nur das Honorar des ausführenden Arztes, auch weitere Verfahrenskosten kommen in Betracht.

Bedenkt man aber die Ersparnis, die den Kosten gegenübersteht, so würden diese überreich gedeckt sein! In vielen Fällen erübrigt sich nach der Operation eine sonst notwendige kostspielige Internierung. Und in den meisten Fällen würde der Wegfall der fast immer fürsorgebedürftigen Nachkommenschaft, vielfach wohl auch die kriminalpräventive Bedeutung der Maßregel eine so enorme finanzielle Entlastung des Volkes bringen, daß die Kosten ohne Bedenken in den Fürsorgeetat eingestellt werden können. Unter keinen Umständen aber darf eine eugenisch wirklich notwendige Unfruchtbarmachung daran scheitern, daß der zu Sterilisierende sich weigert, die Kosten zu tragen.

Es sind ja geradezu finanzwirtschaftliche Motive, die das Problem der eugenischen Sterilisation heute aktualisiert haben. Das ist eigentlich zu beklagen. Motiv muß die Aufartung des Volkes zu höherer geistiger und körperlicher Leistungsfähigkeit sein. Aber Bedenken können aus finanzpolitischen Erwägungen um so weniger hergeleitet werden.

FSC
www.fsc.org
MIX
Papier | Fördert
gute Waldnutzung
FSC® C083411

Kolibri 360 GmbH
Ferdinand-Jühlke-Straße 7
99095 Erfurt, Deutschland
produktsicherheit@kolibri360.de